AF481410

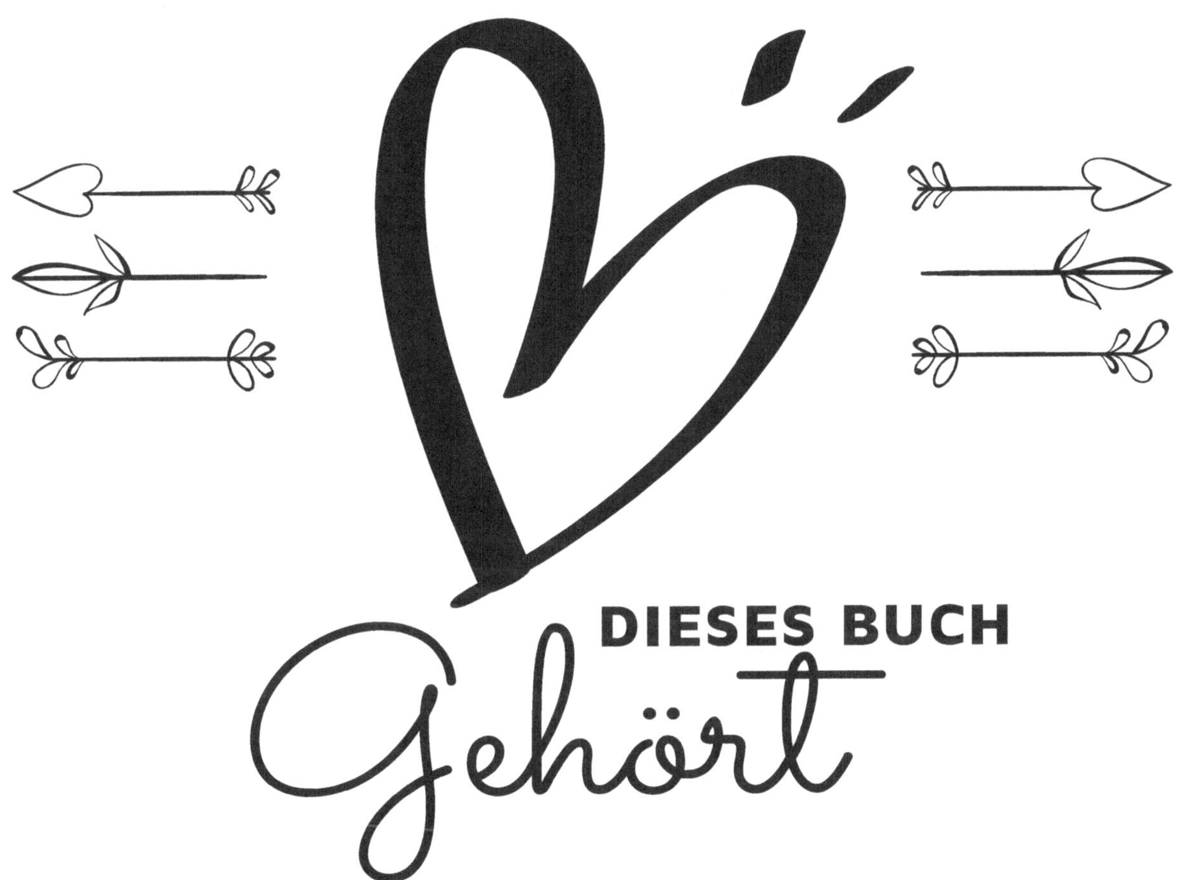

DIESES BUCH
Gehört

KAKTUS MALBUCH

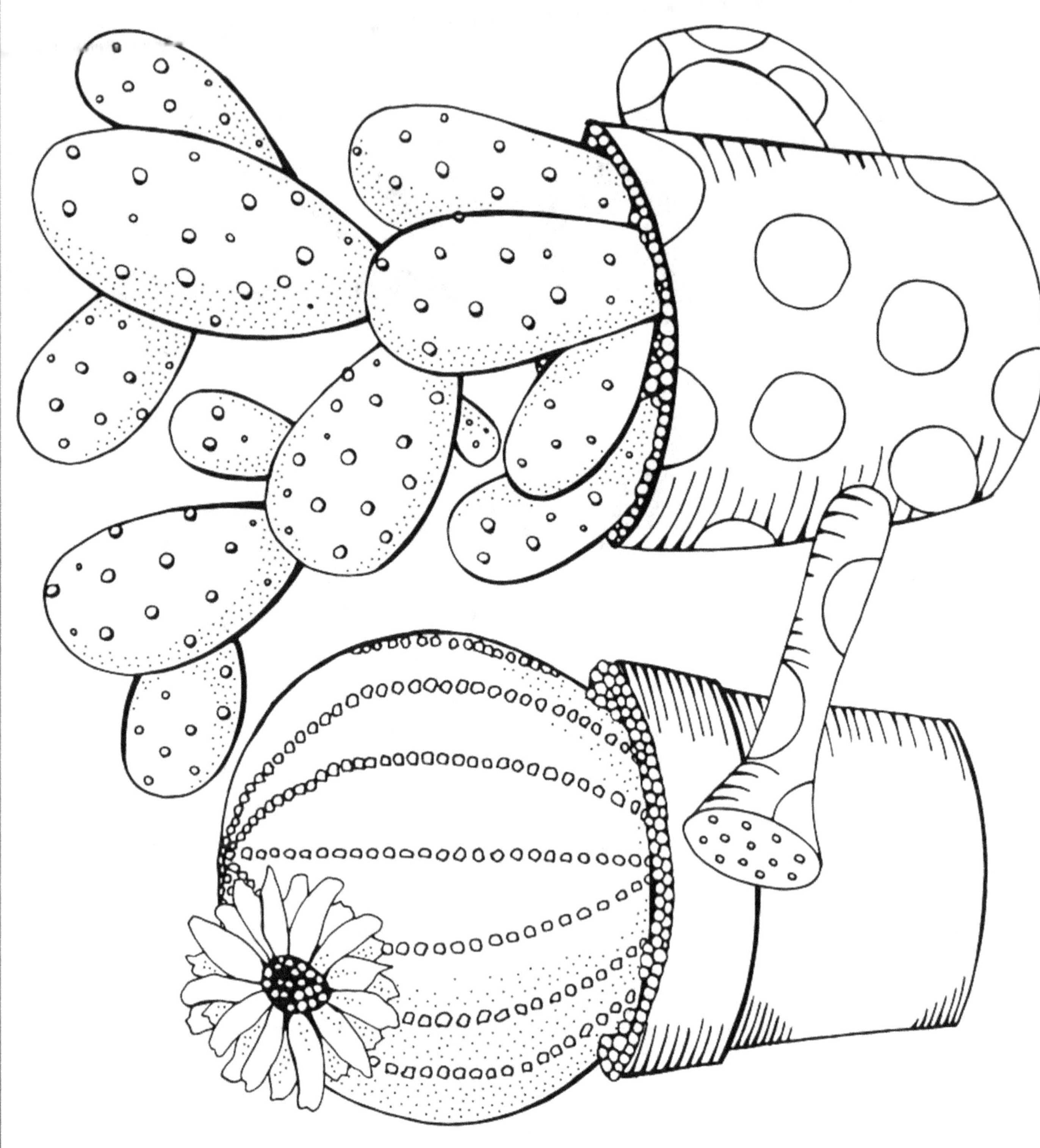

KAKTUS MALBUCH

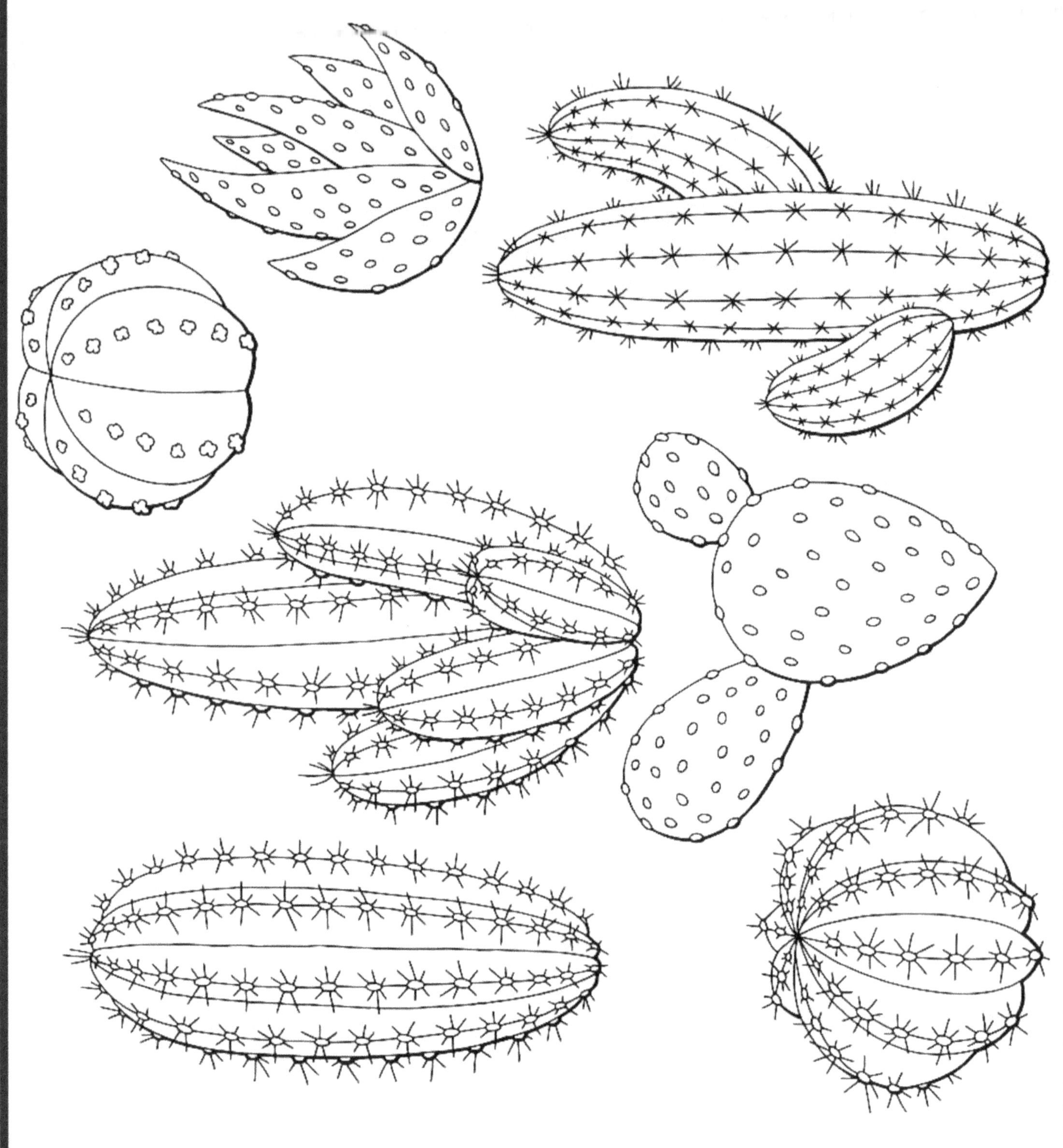

KAKTUS MALBUCH

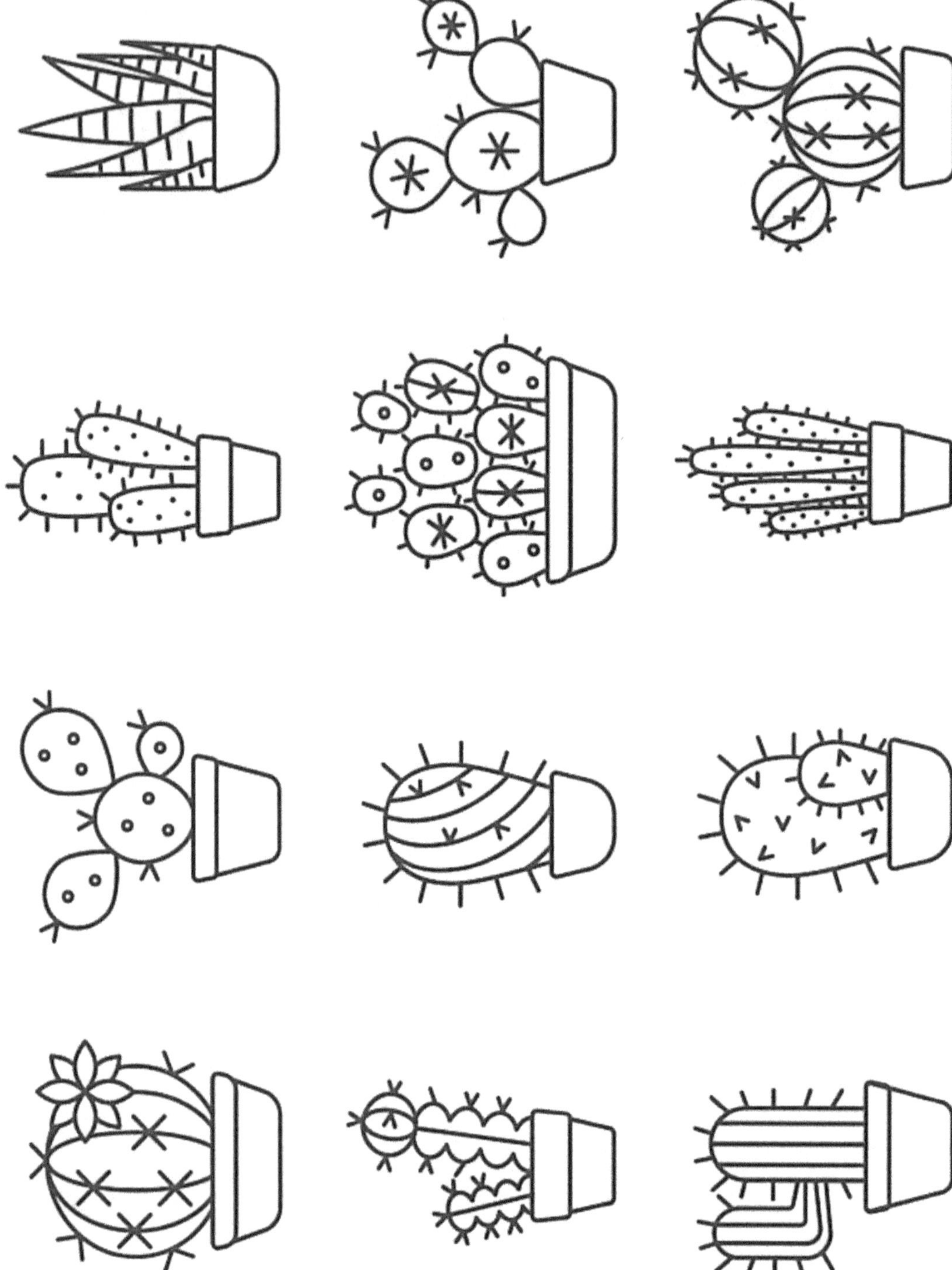

KAKTUS MALBUCH

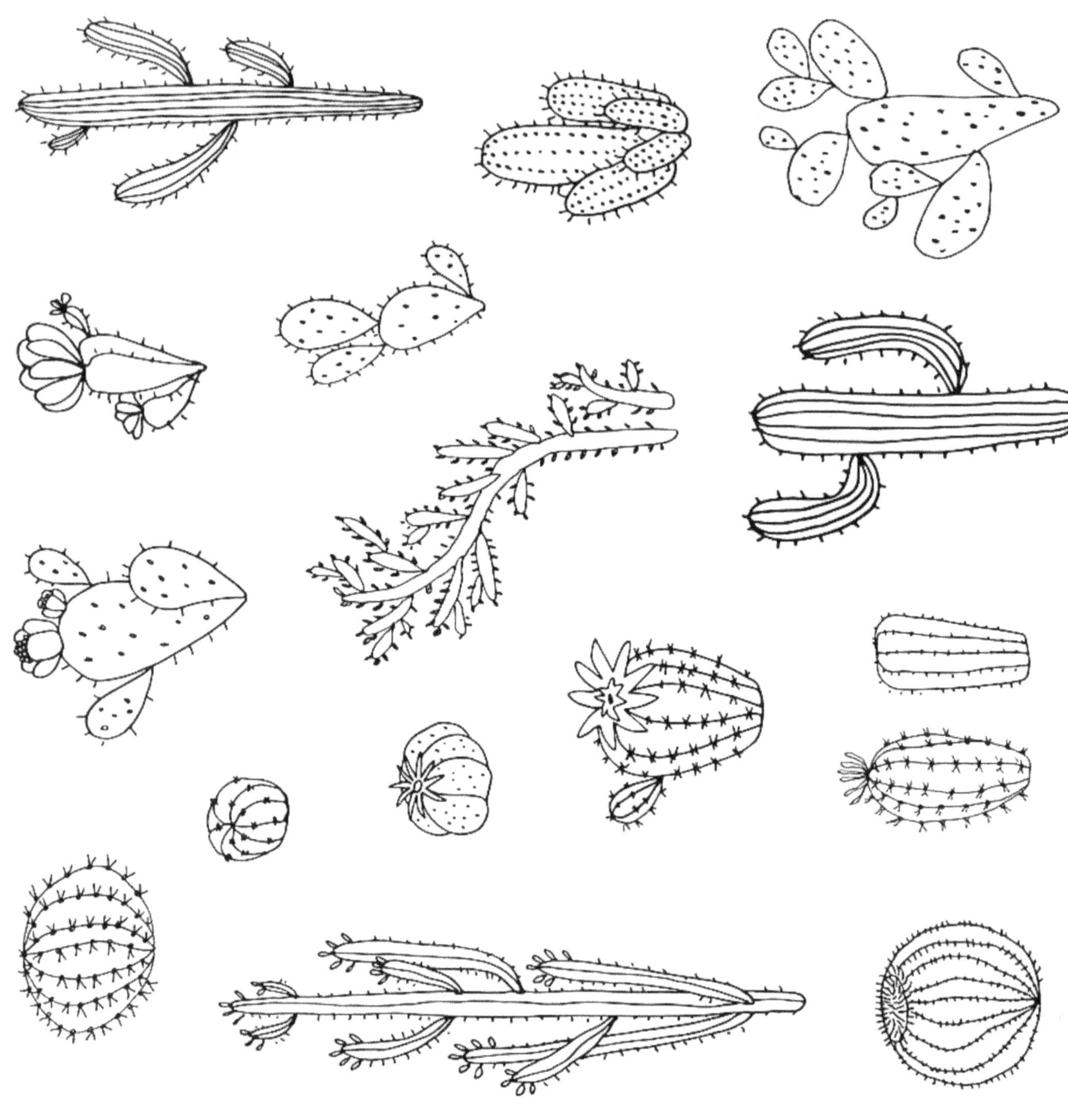

KAKTUS MALBUCH

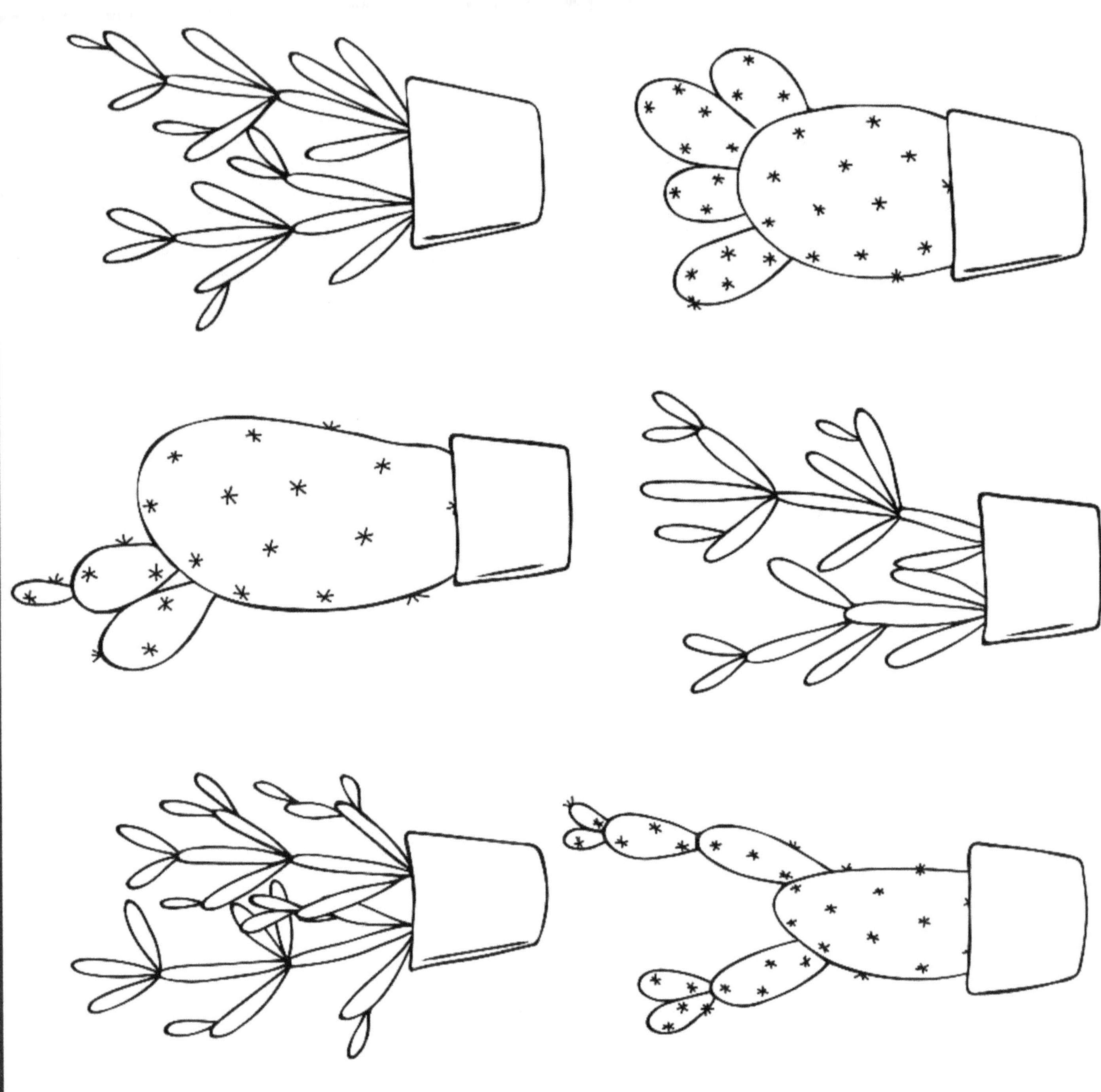

KAKTUS MALBUCH

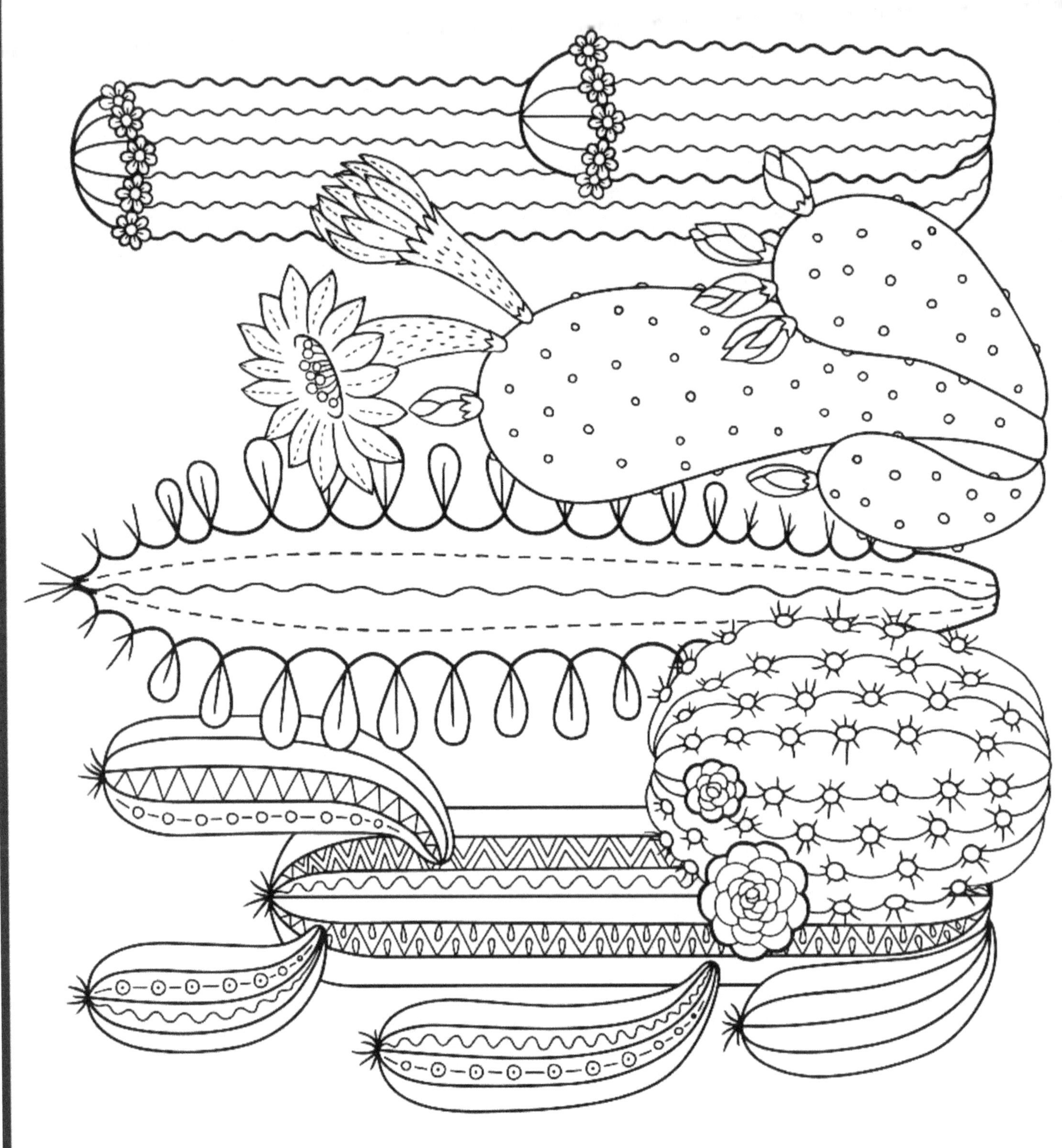

KAKTUS MALBUCH

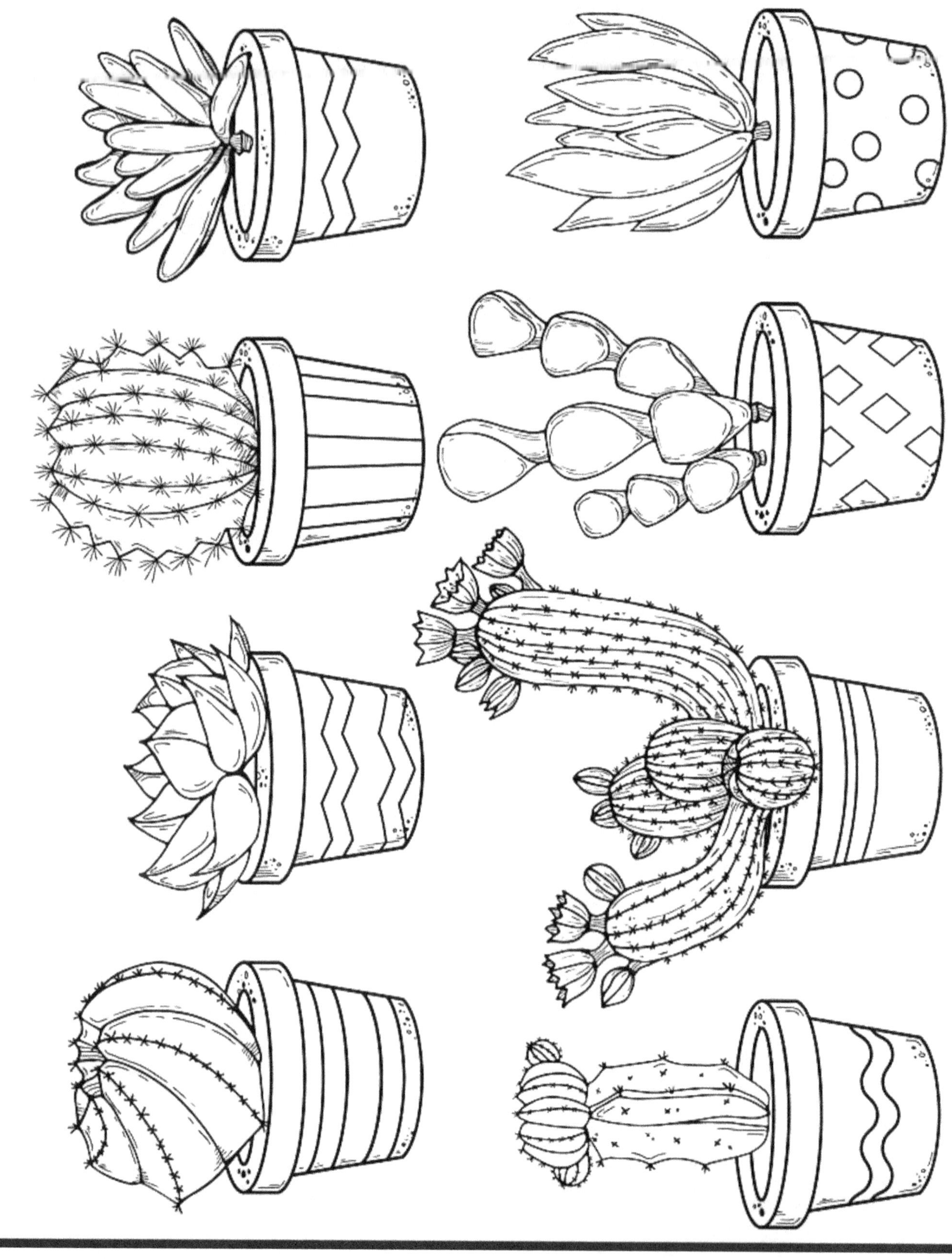

KAKTUS MALBUCH

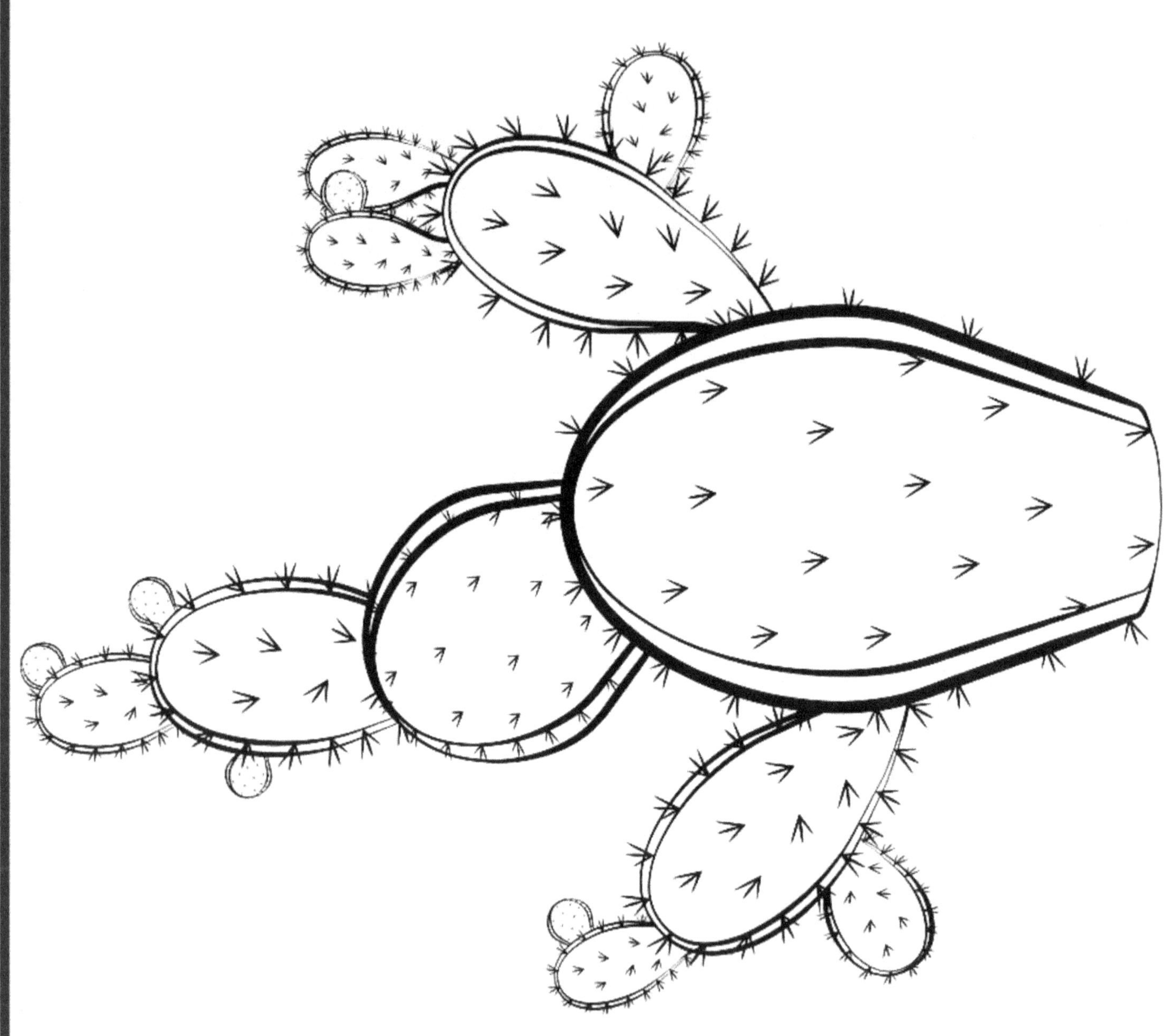

KAKTUS MALBUCH

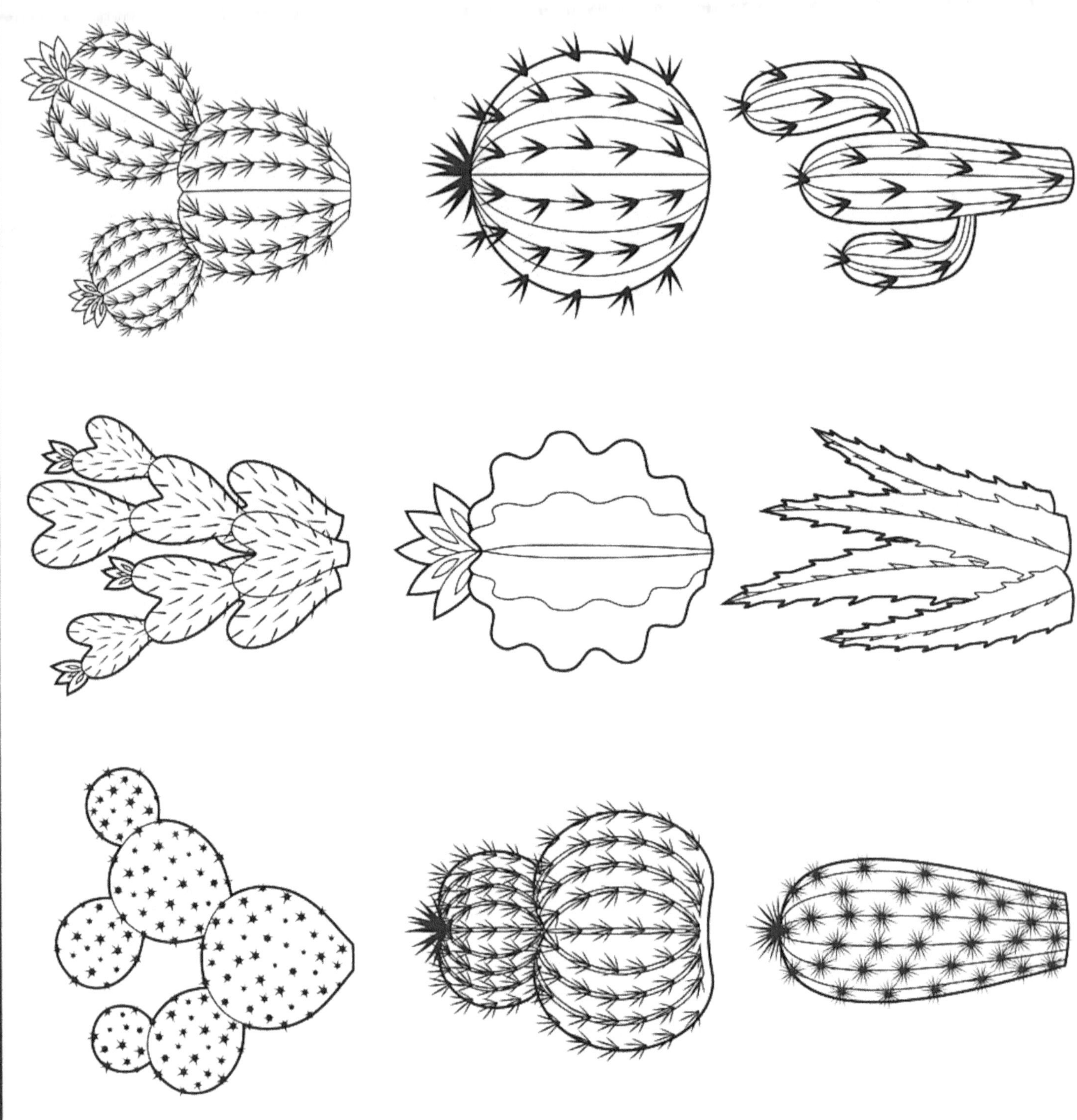

KAKTUS MALBUCH

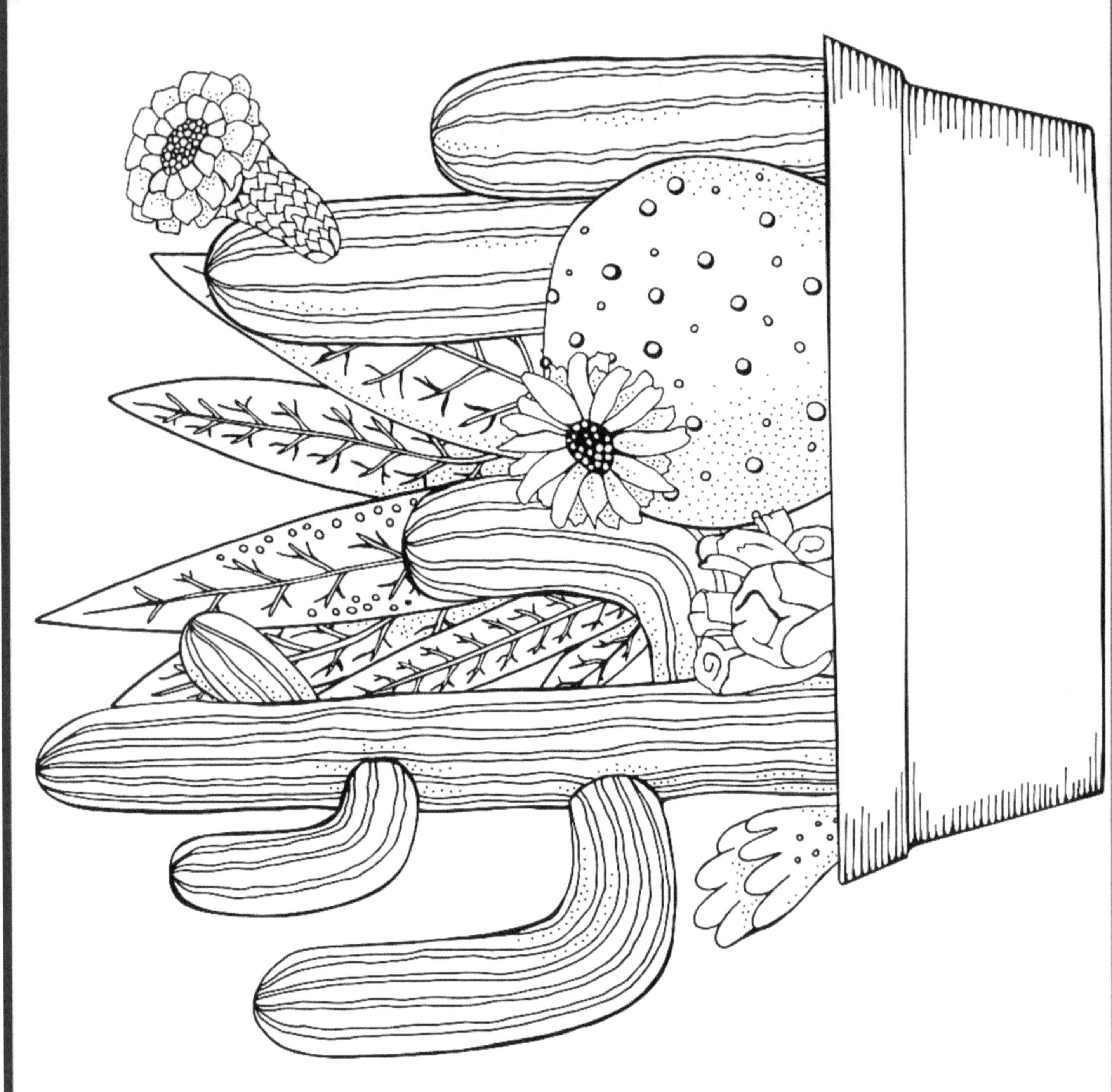

KAKTUS MALBUCH

KAKTUS MALBUCH

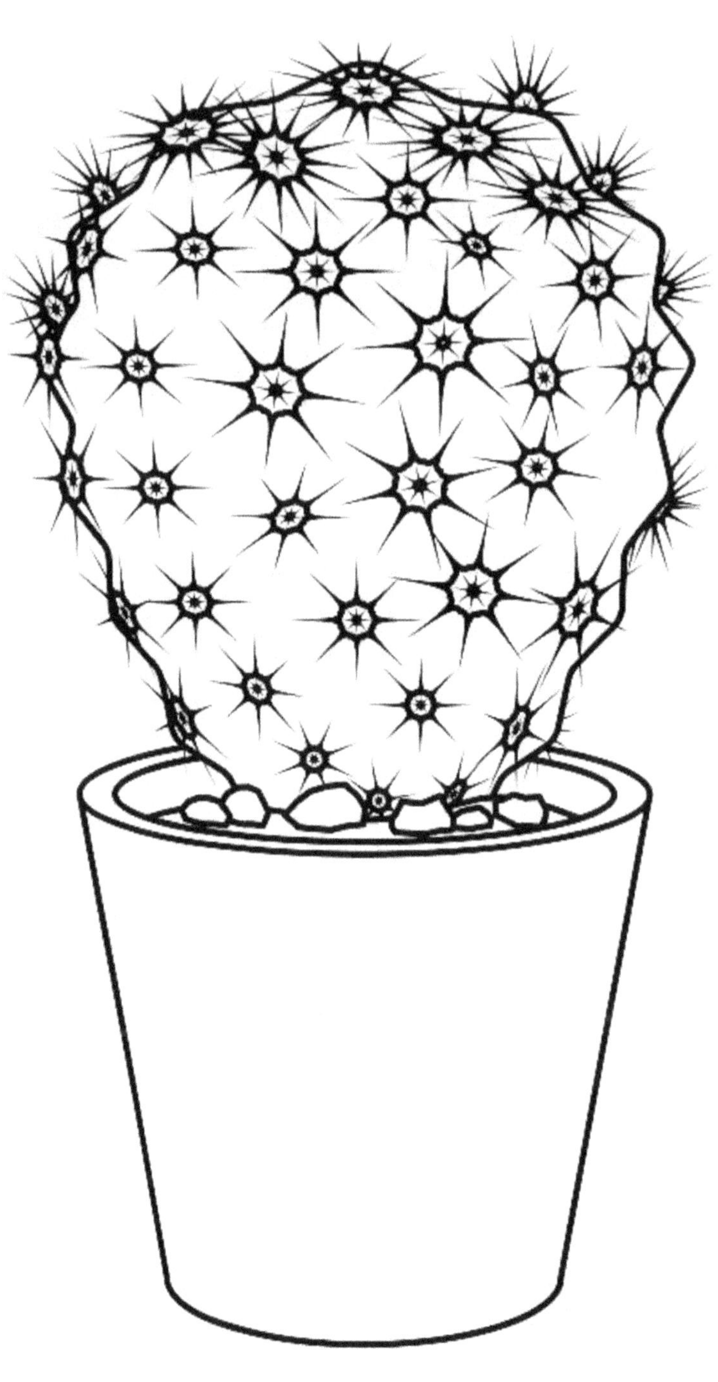

KAKTUS MALBUCH

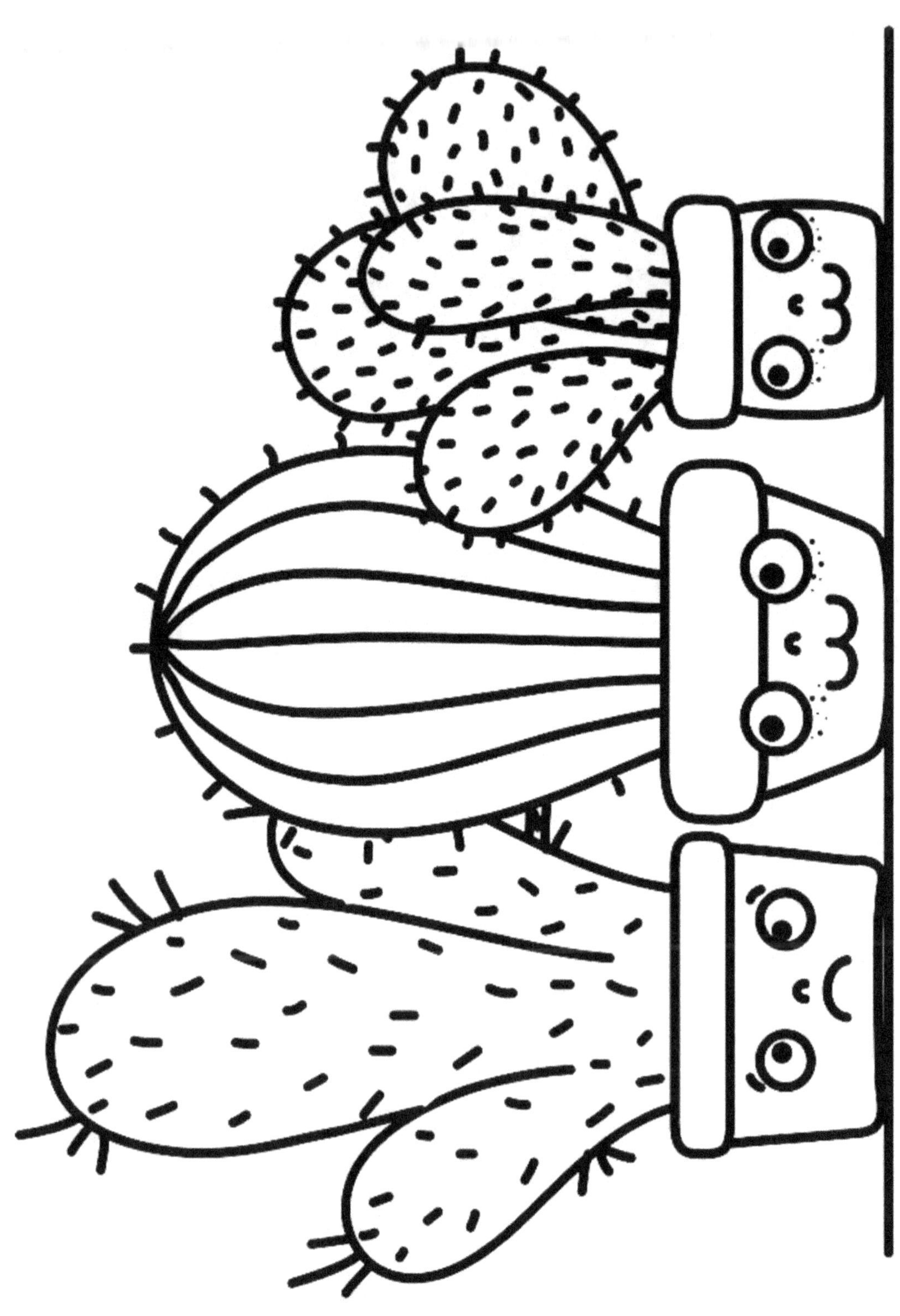

KAKTUS MALBUCH

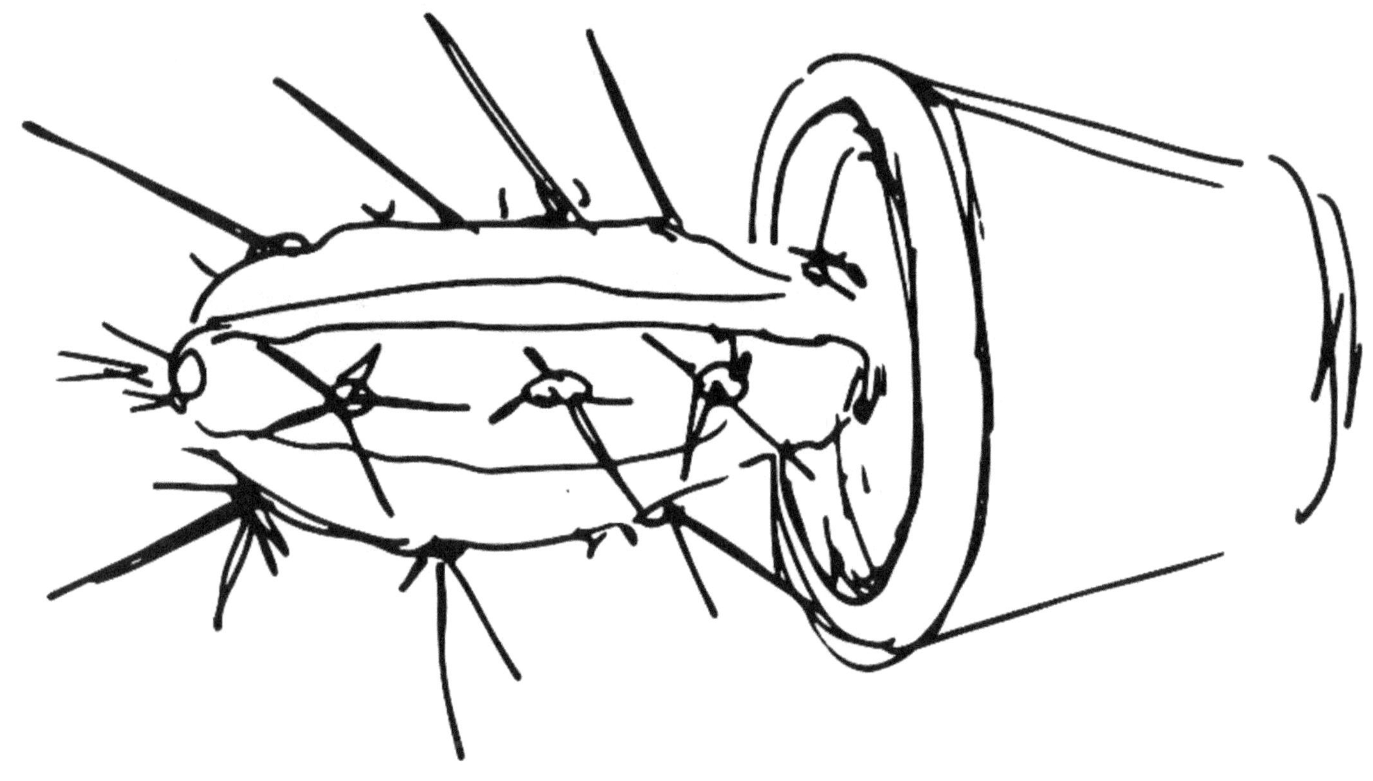

KAKTUS MALBUCH

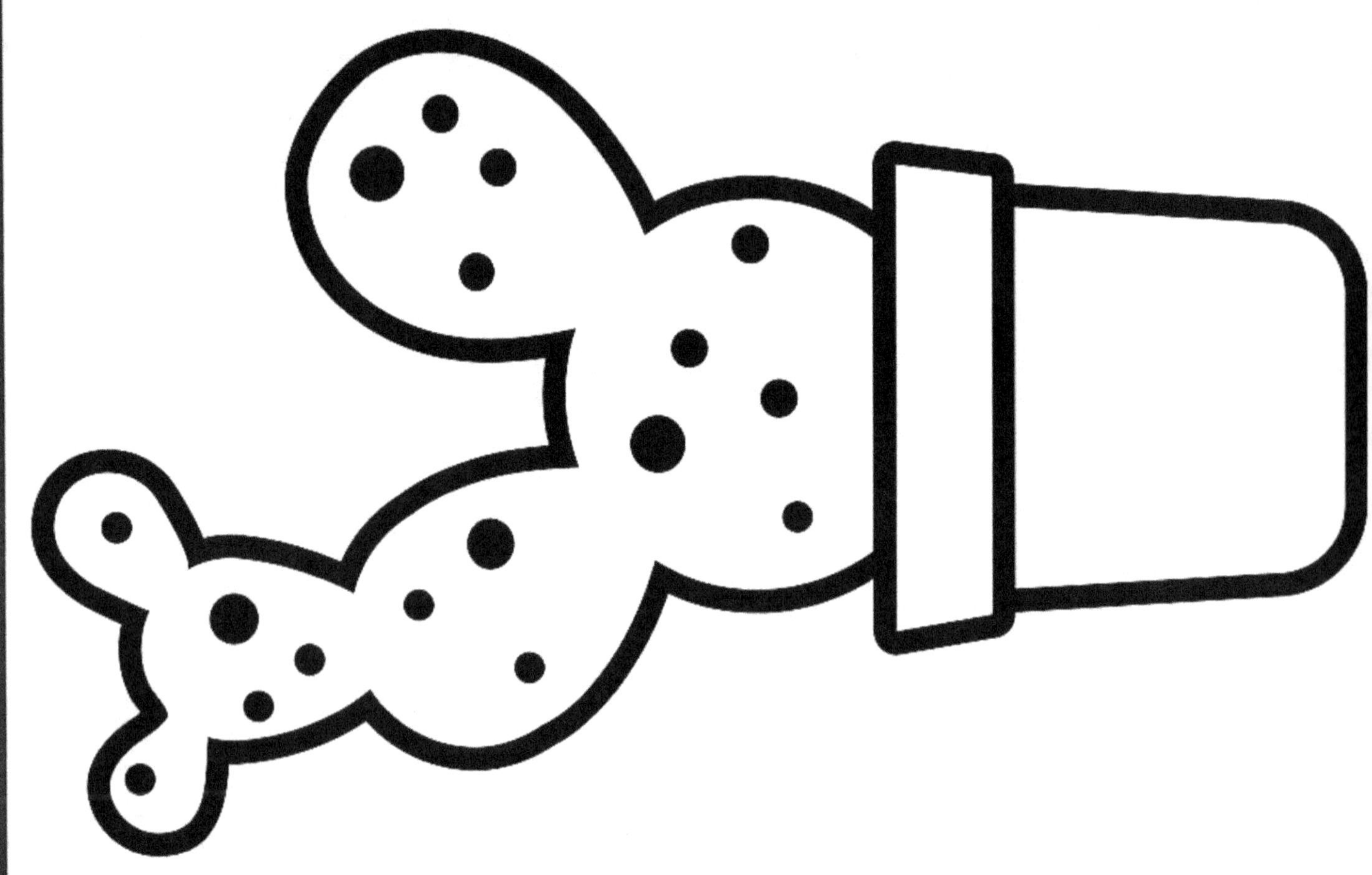

KAKTUS MALBUCH

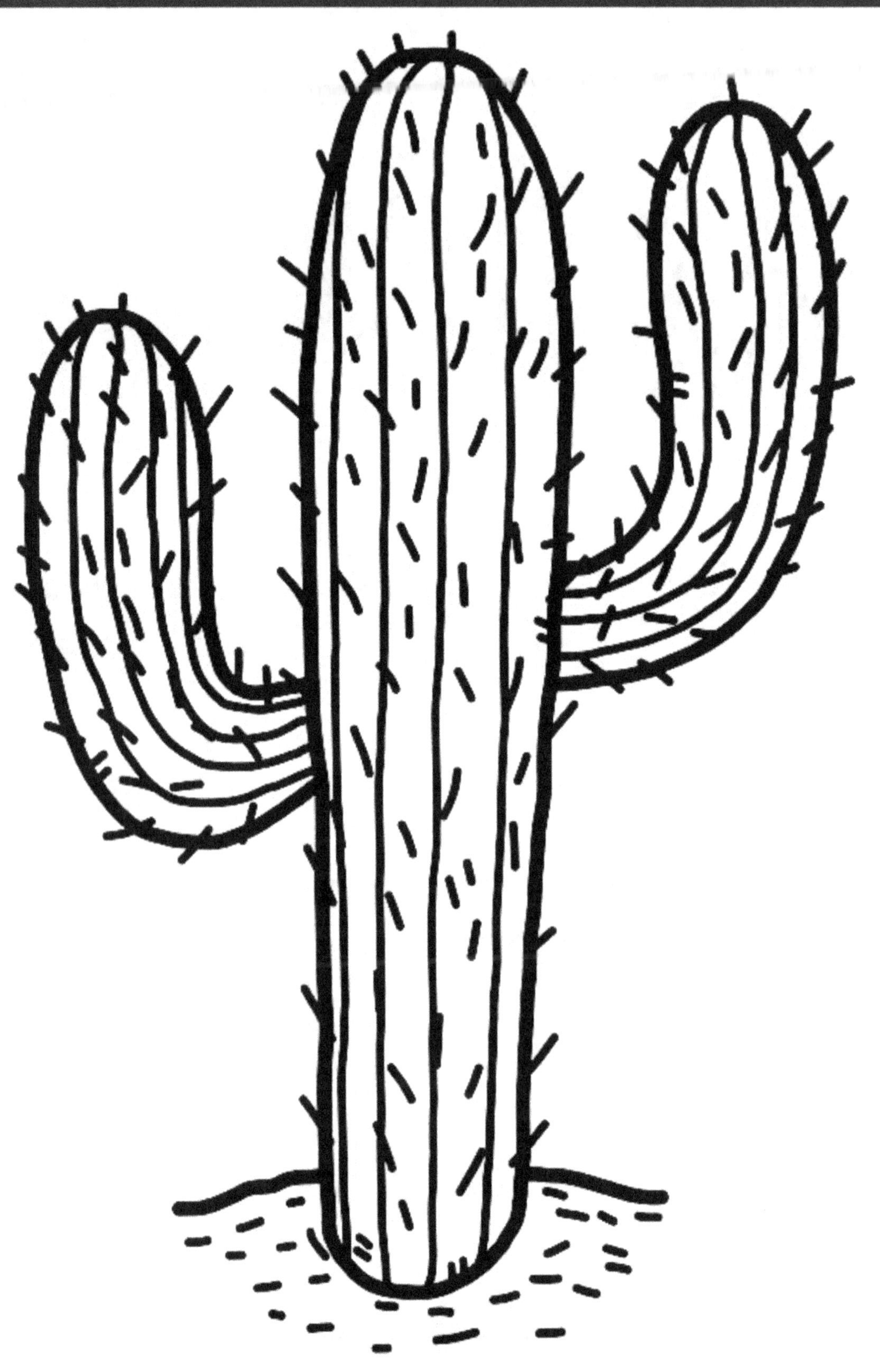

KAKTUS MALBUCH

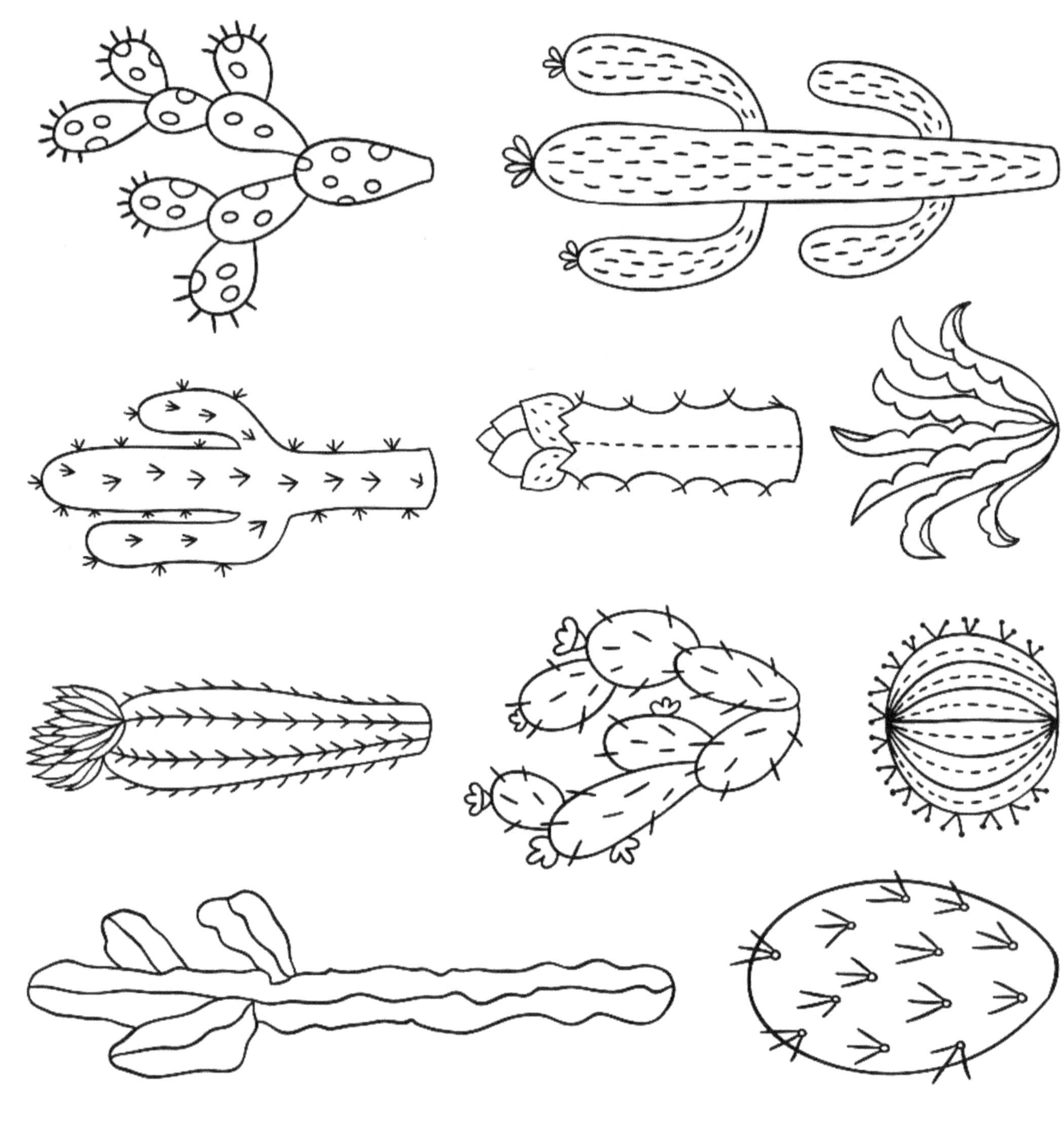

KAKTUS MALBUCH

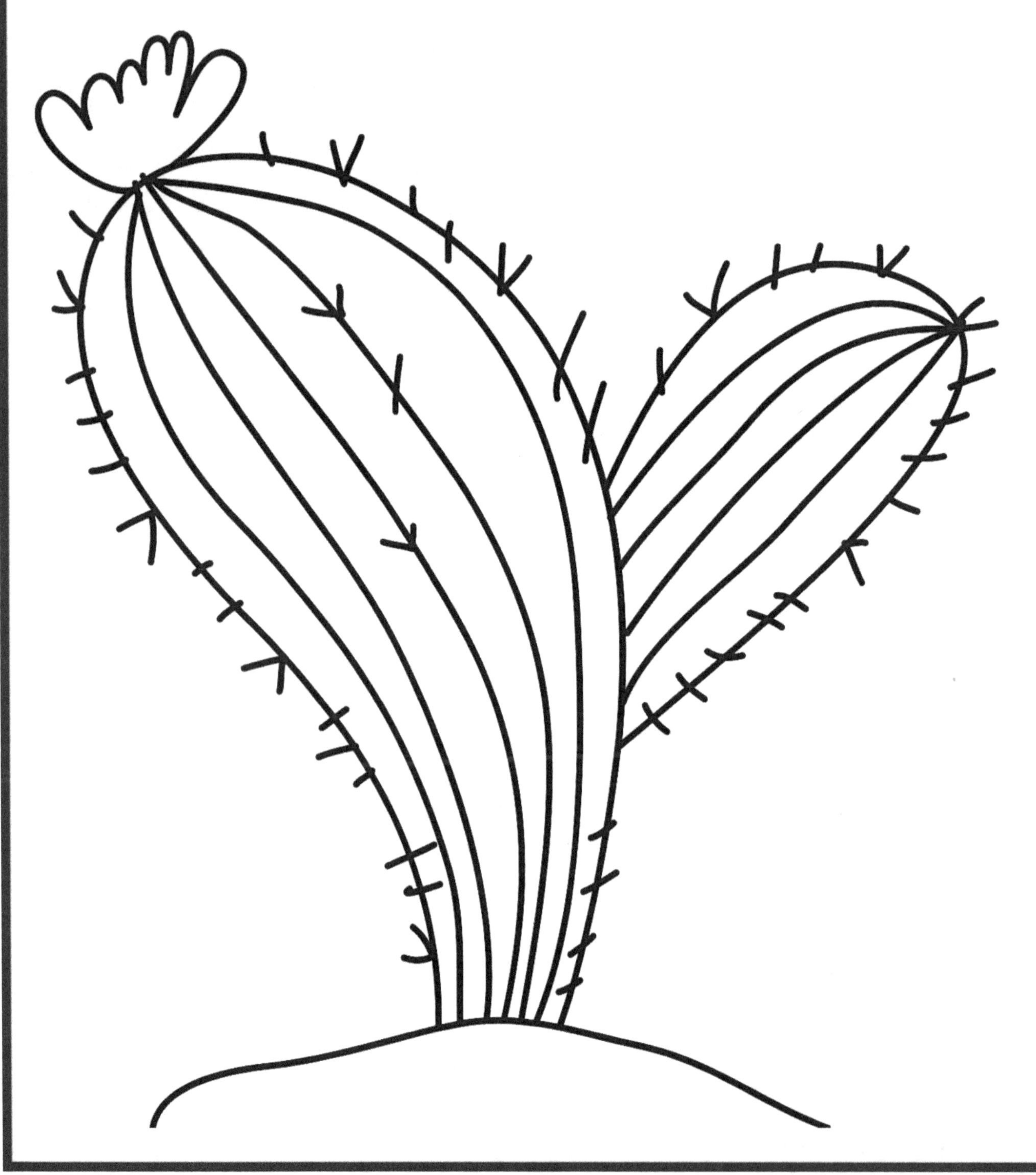

KAKTUS MALBUCH

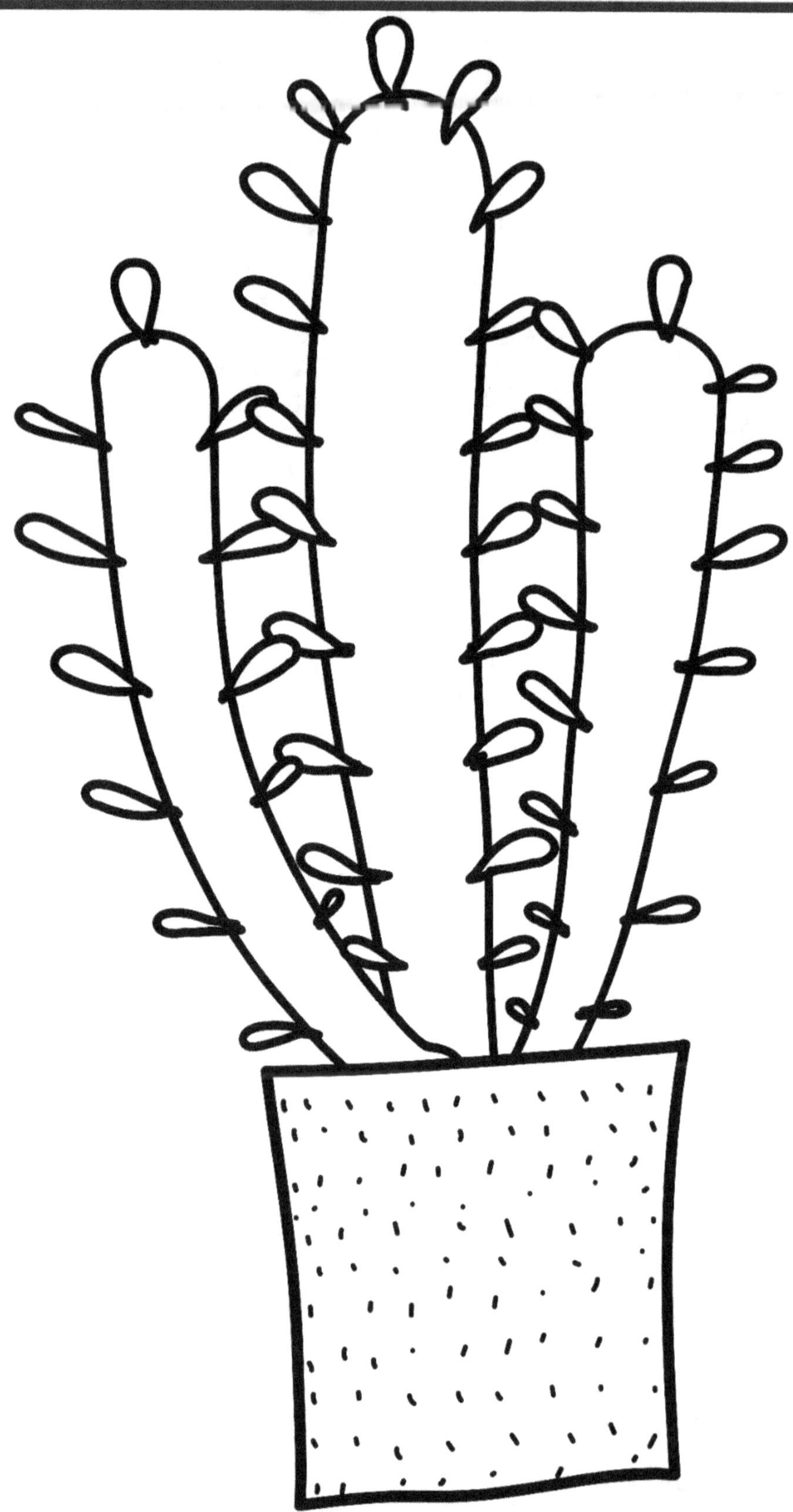

KAKTUS MALBUCH

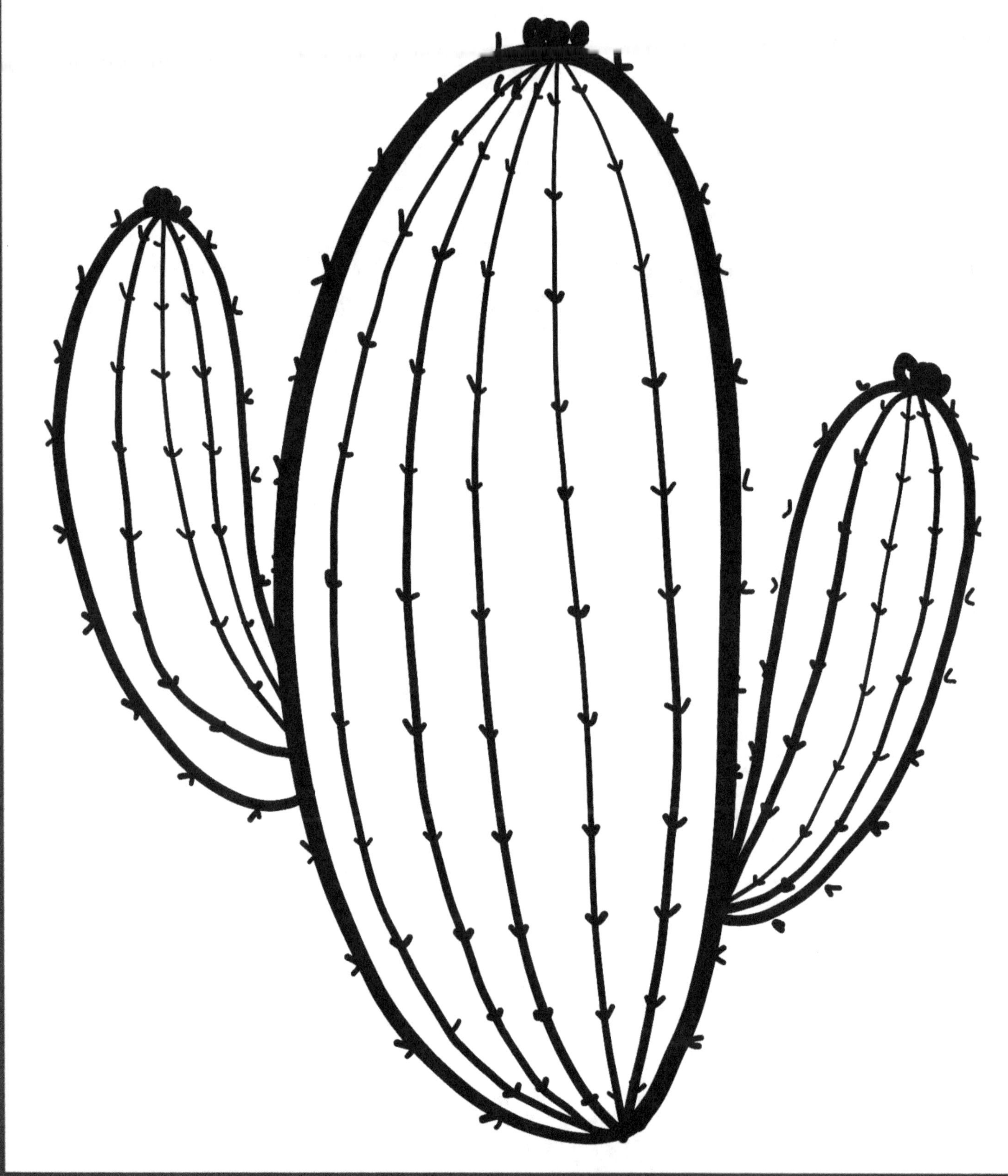

KAKTUS MALBUCH

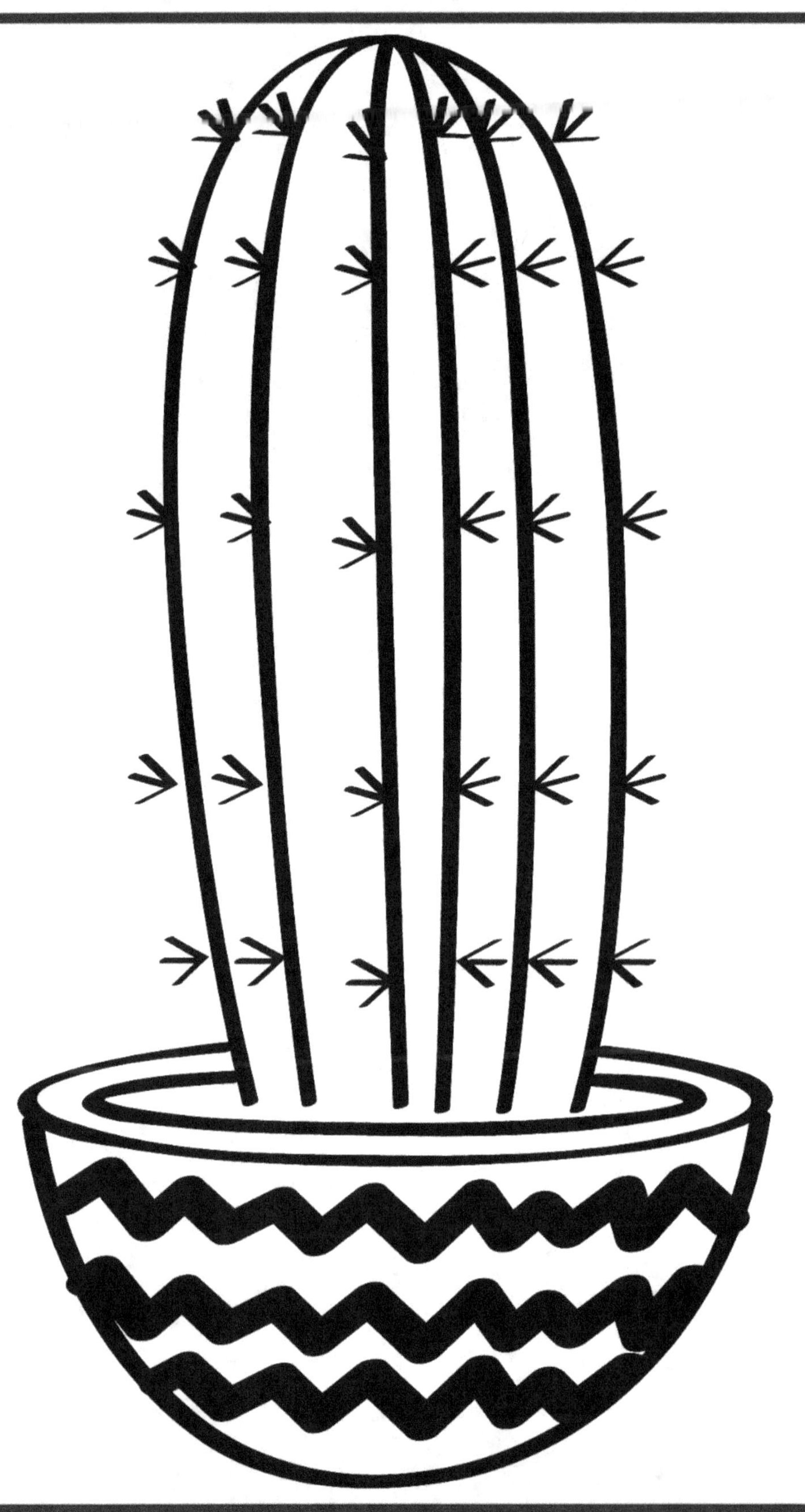

KAKTUS MALBUCH

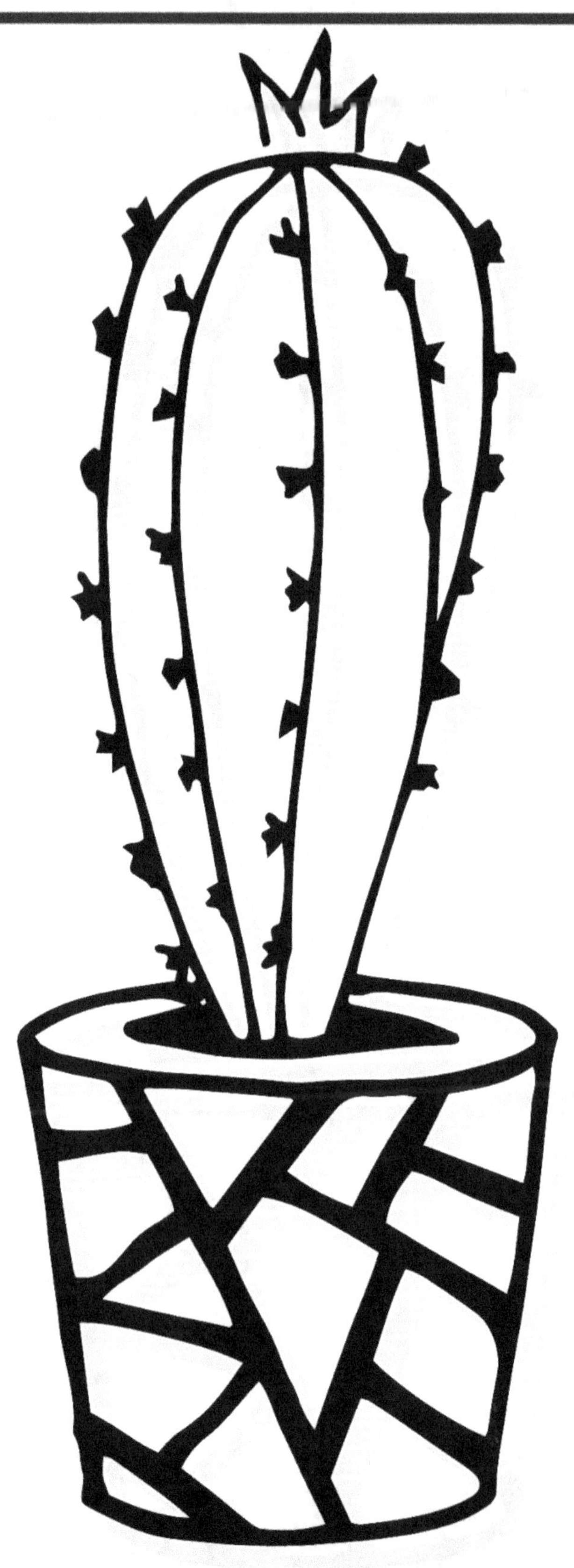

KAKTUS MALBUCH

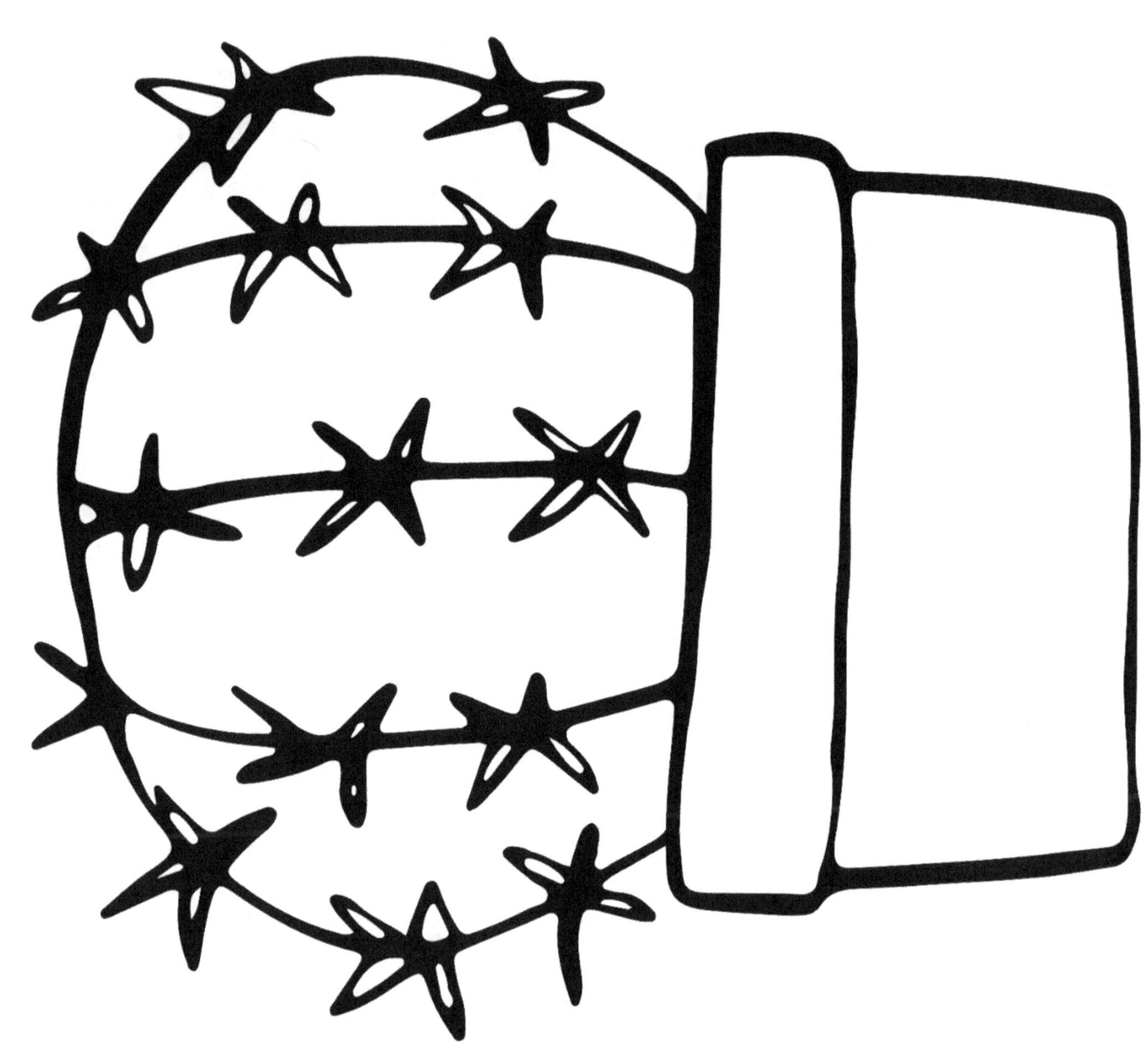

KAKTUS MALBUCH

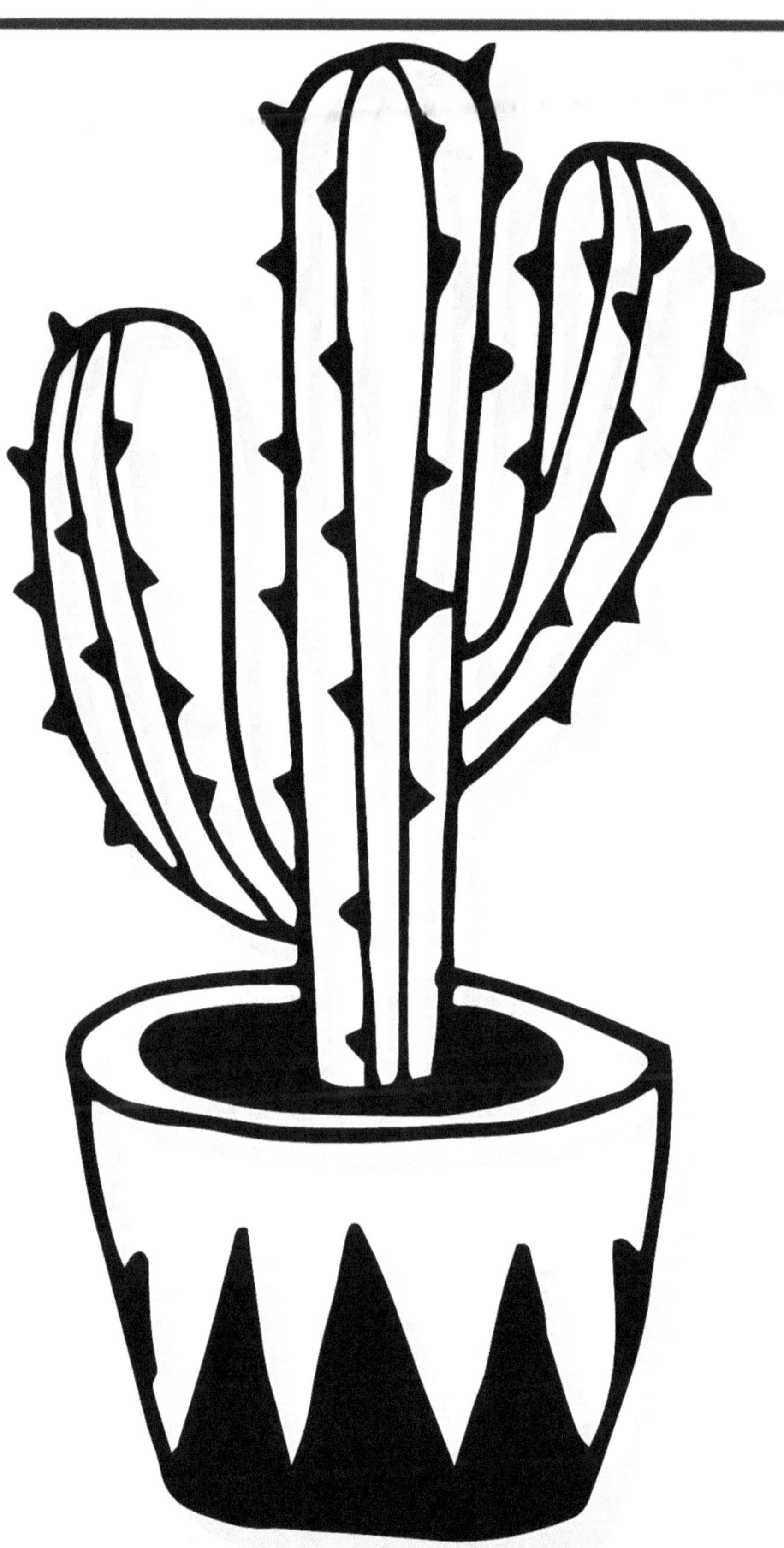

KAKTUS MALBUCH

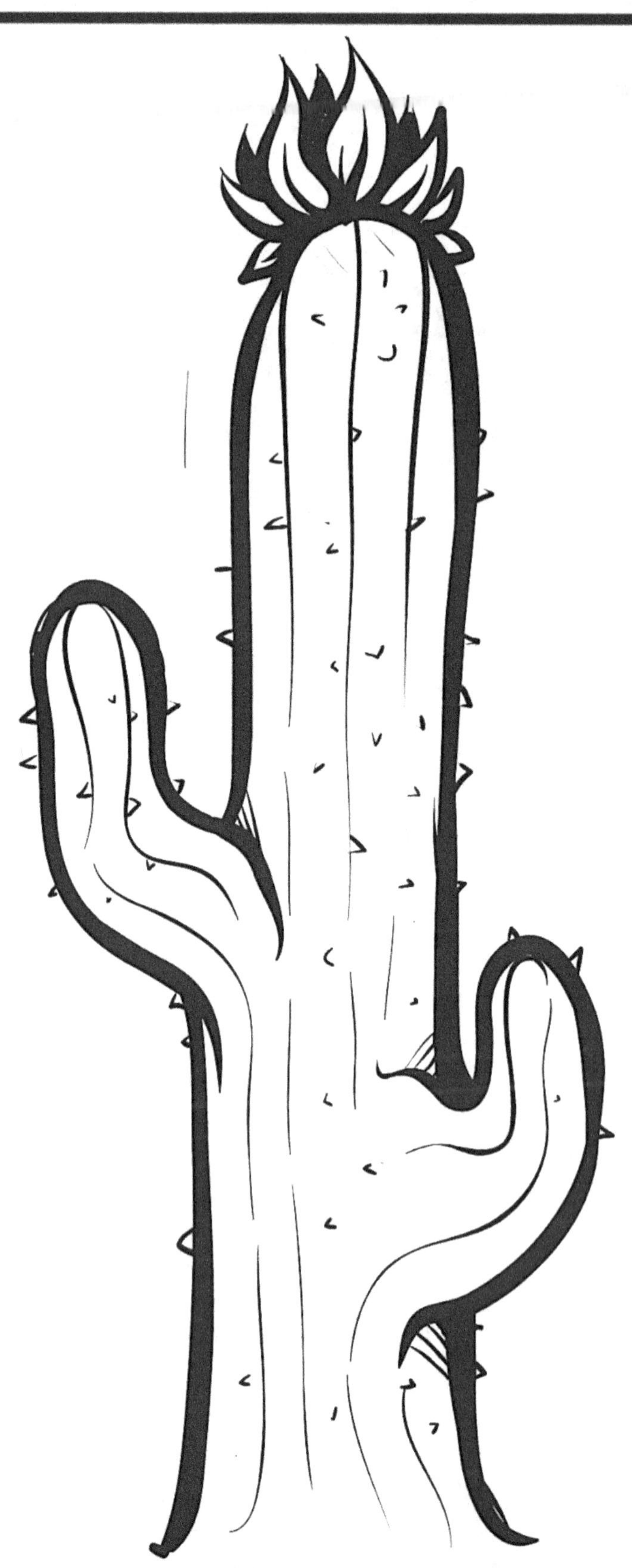

KAKTUS MALBUCH

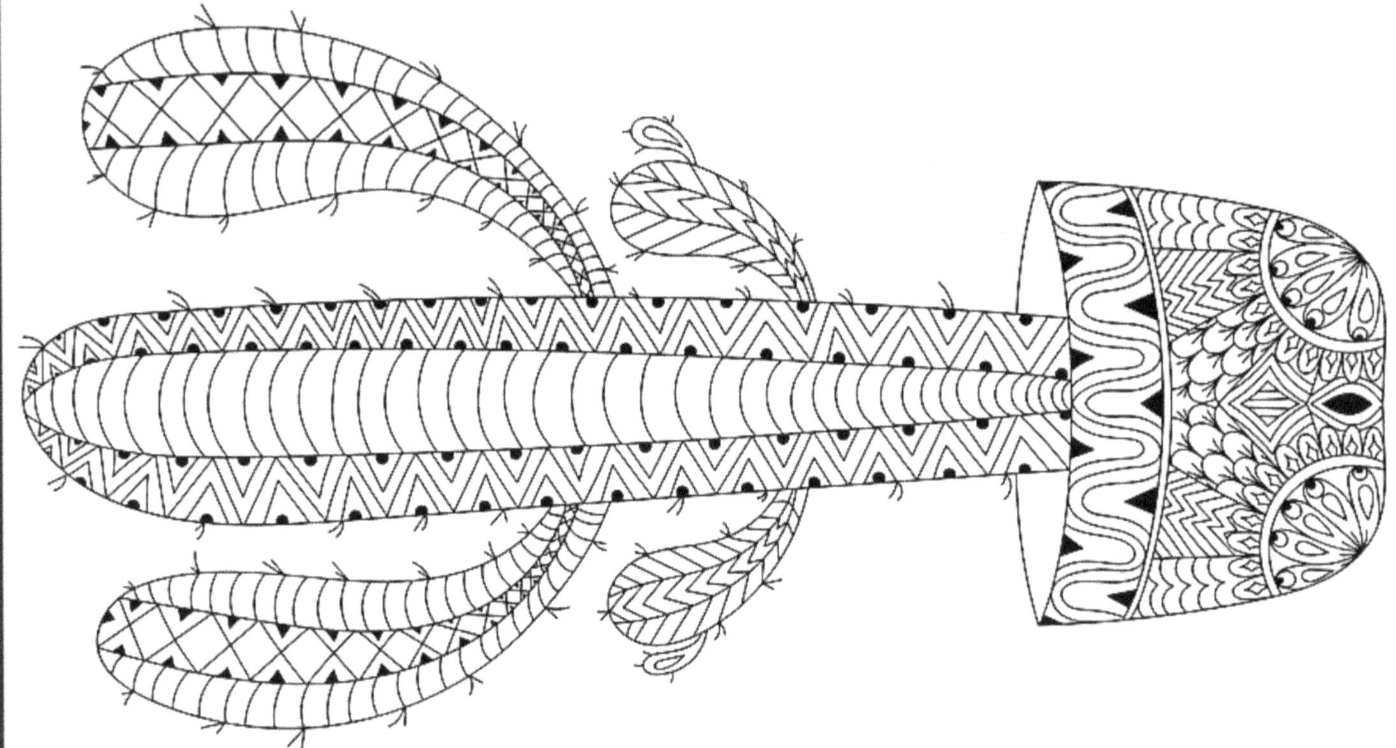

KAKTUS MALBUCH

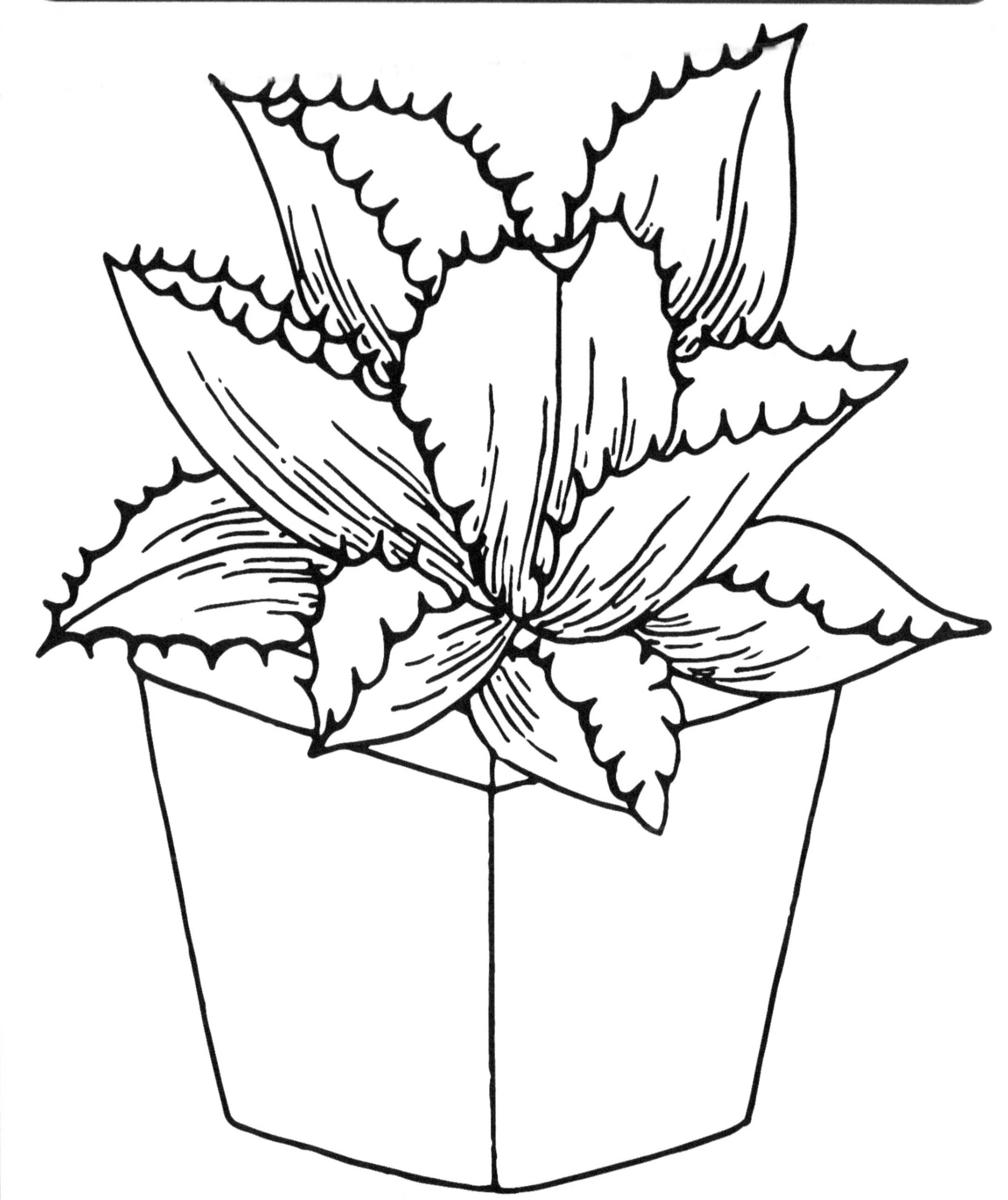

KAKTUS MALBUCH

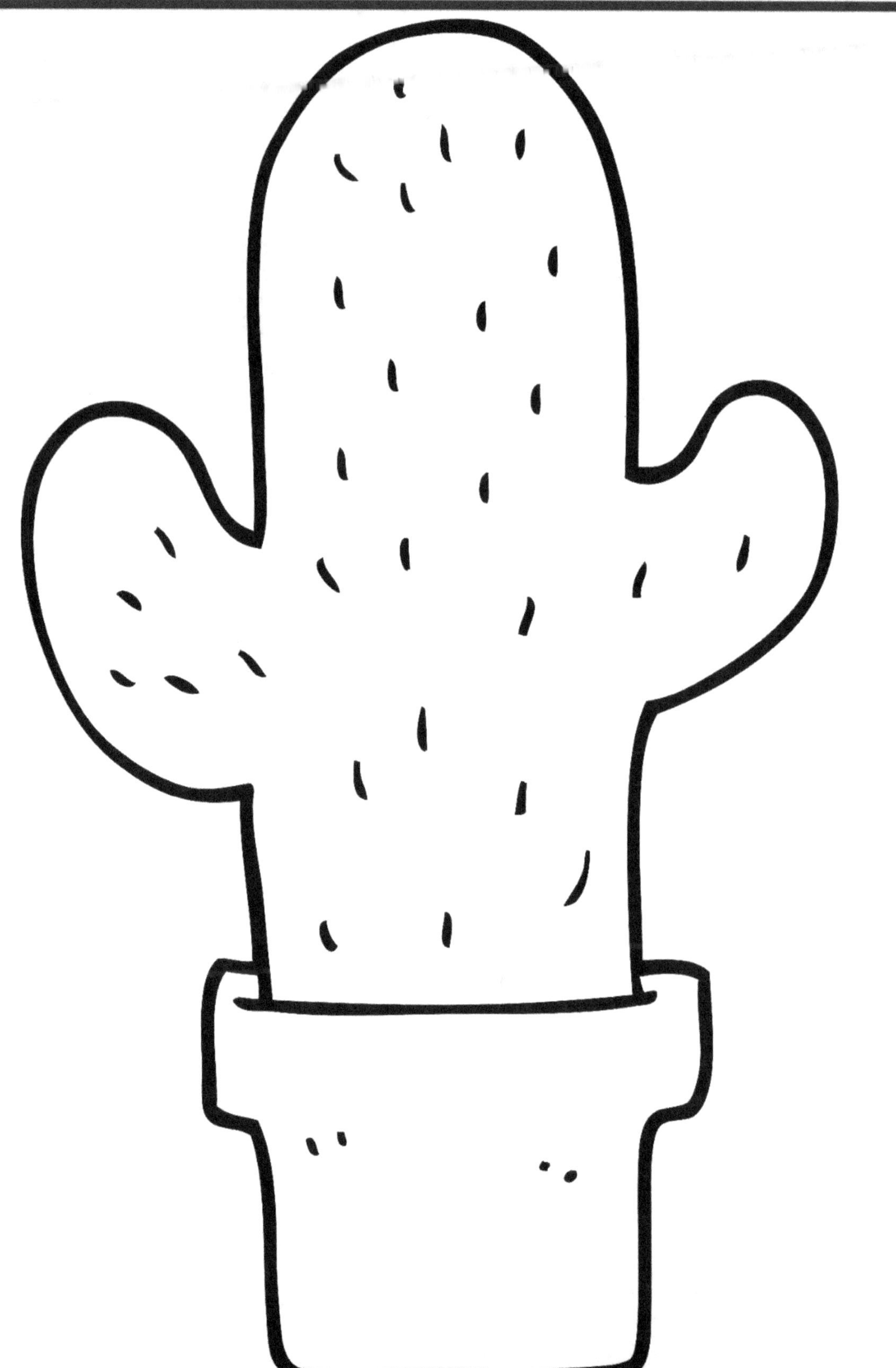

KAKTUS MALBUCH

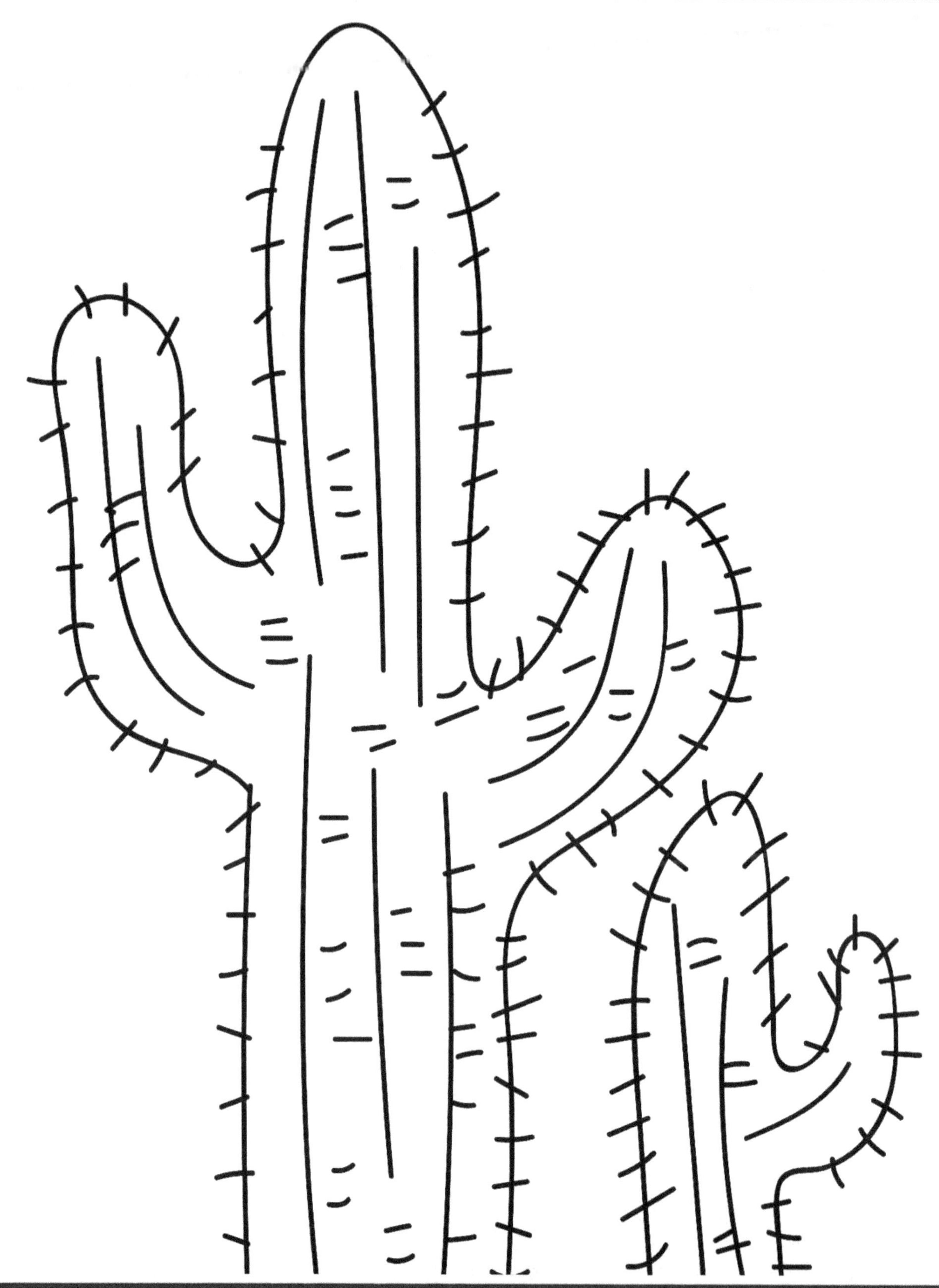

KAKTUS MALBUCH

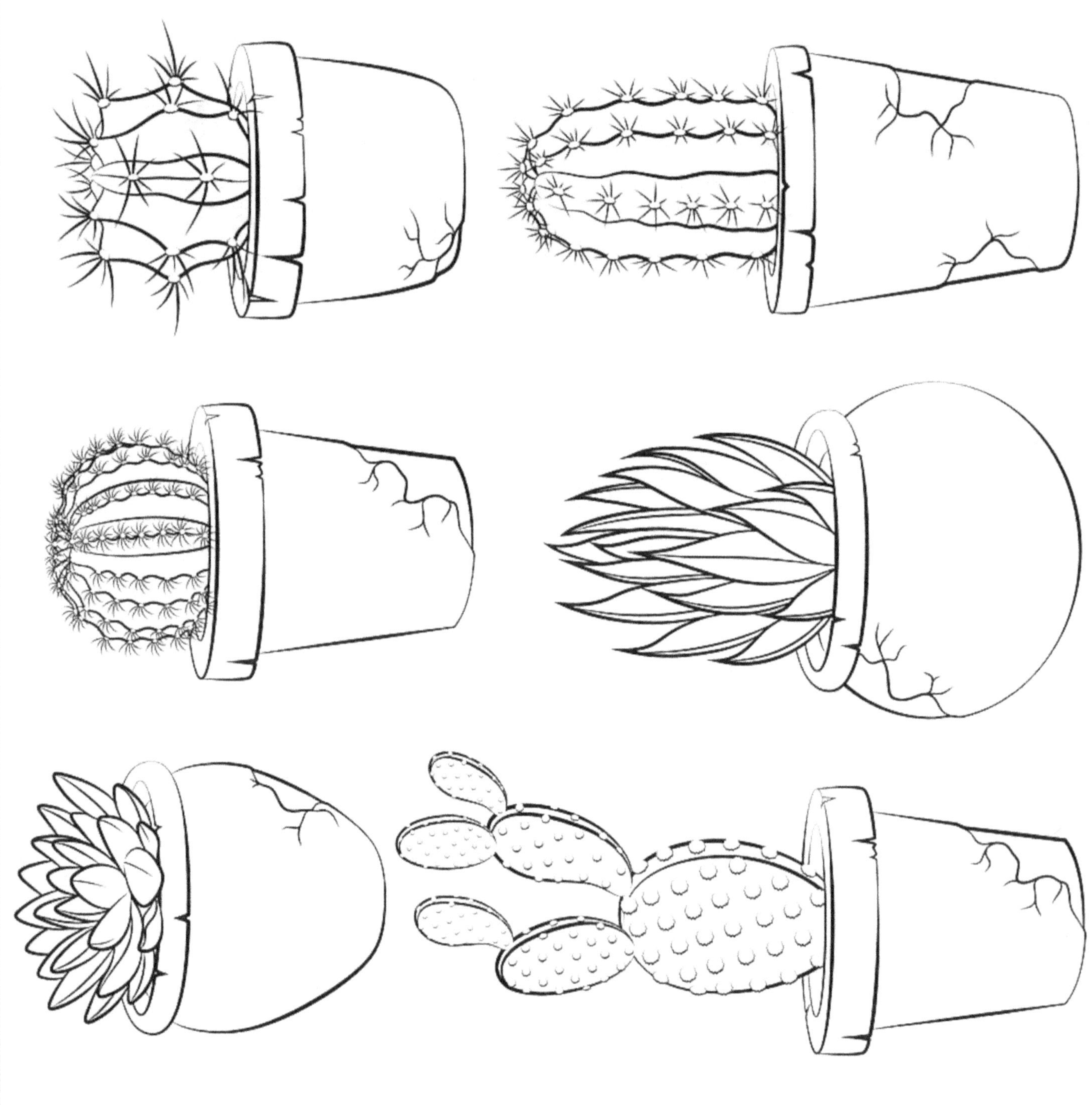